Direction générale : Gauthier Auzou
Direction éditoriale : Aude Sarrazin
Fabrication : Olivier Calvet

Loi n°49-956 du 16 juillet 1949 sur les publications destinés à la jeunesse.
Dépôt légal : 2e trimestre 2011
ISBN : 978-2-7338-1612-7
REF. : A11410
Imprimé en Chine.

C'est quoi dans ton ventre ?

Texte de Josef Antòn
Illustrations de Caroline Hüe

Avec les conseils de Deborä Fajnwaks, pédopsychiatre

Sommaire

Pour votre aîné(e), la venue d'un nouvel enfant dans la famille est une étape importante, qui peut se révéler délicate.

C'est également pour lui l'occasion d'éveiller sa curiosité.
L'intérêt de l'enfant pour la différence sexuelle s'exprime très tôt sous la forme de la question : « d'où viennent les enfants » ?

Si Nino est un enfant très curieux et que tous les enfants ne posent pas autant de questions que lui, son histoire est l'occasion d'accompagner votre aîné(e) dans ses interrogations, en douceur et avec humour.

En page de droite, les petits réveils indiquent, tout au long de la grossesse, et mois par mois, les grandes étapes qui vous aideront à répondre aux questions de votre enfant.

1 Une grande nouvelle !

Ce matin, Nino voit arriver papa et maman dans sa chambre.
« Mon chéri, maman et moi avons une grande nouvelle à t'annoncer, dit papa, on attend un bébé ! »
Nino réfléchit un instant...
« Ah oui ? et il arrive à quelle heure ?

Annoncer la grossesse et matérialiser sa durée

– Mais non, mon bonhomme, les bébés, ça n'arrive pas par la poste ! Maman est enceinte depuis 3 mois et nous allons attendre le bébé pendant 6 mois encore avant de le voir, pour de vrai. Une grossesse, ça dure 9 mois en tout ! C'est le temps de 3 saisons ou celui de l'école, de la rentrée aux grandes vacances. »

2 Comment on fait les bébés ?

« Dis maman, c'est vrai que c'est une cigogne qui va apporter le bébé ?

Accompagner l'enfant dans la question de l'origine des bébés

– Mais non, mon chéri. Papa a mis une petite graine dans mon ventre. Maintenant, elle va grandir, jusqu'à la fin de la grossesse, dans 6 mois. Et mon ventre va grossir lui aussi avec le bébé. Aujourd'hui, il mesure environ 8 cm et pèse 40 g, et il a déjà de petits ongles ! À la fin de la grossesse, il pèsera plus de 3 kg et mesurera environ 50 cm. »

3 Un bébé dans un œuf

« Et il habite où dans ton ventre, le bébé?
Il fait quoi? Il doit s'ennuyer sans jouet...

4 mois

Donner une idée de l'environnement du bébé

– Le bébé est dans un endroit très douillet, un peu comme un œuf mais plus mou, rempli de liquide, et au chaud ! Il a tout ce dont il a besoin pour grandir et se développer. Pour l'instant, il n'a besoin de rien d'autre. »

4 Deux jambes, deux bras, une tête…

« Comment va le bébé, maman?
Il est tout construit, comme mon robot?

4 mois

Faire participer l'enfant au développement du bébé

– Mais oui, il est tout construit comme tu dis, mais en mini!
Et chaque jour, il grandit, maintenant, il a la taille… d'une grosse orange!
Ses mains sont formées et ses cheveux commencent à pousser. Il sera trois fois plus grand à sa naissance qu'aujourd'hui. »

5 Bouton de rose ou bout de chou ?

Nino s'approche de sa maman et se colle le nez contre son ventre.
« Mais qu'est-ce que tu fais, Nino ?
– Je renifle ! Si ça sent la rose, c'est une fille ; si ça sent le chou, c'est un garçon !
C'est bien ça, non ?

Parler de l'échographie et annoncer le sexe du bébé

– À 5 mois, on peut savoir si le bébé est un garçon ou une fille, le docteur va regarder avec un appareil spécial qui fait une photographie du bébé et je pourrai te dire si tu auras une petite sœur ou un petit frère! Ensuite, nous pourrons réfléchir au prénom du bébé... Tu pourras nous donner ton avis, bien sûr, si tu veux. »

6 Au menu de Bébé...

« Maintenant, je sais que c'est une fille!
Mais elle mange quoi, ma petite sœur? Et après, elle fait caca où?
Y'a pas de pot dans maman!

6 mois

Expliquer l'alimentation *in utero*

– Elle mange, bien sûr, pour grandir, tout comme toi. Et d'ailleurs, elle mange la même chose que moi, ou presque ! La nourriture est transformée et passe par le cordon ombilical, c'était pareil pour toi. Et ne t'inquiète pas, elle ne fait pas caca, juste de tout petits pipis. À ce stade-là, elle peut même sucer son pouce ! »

7 Symphonie pour Bébé

« Coucou Bébé! Dis maman, elle m'entend, ma petite sœur?

7 mois

Donner une place à l'enfant dans la vie *in utero* du bébé

– Oui, Nino, ta petite sœur t'entend. À 7 mois, les bébés entendent les bruits de l'extérieur, et ont aussi les yeux ouverts. Mais tu sais, elle ne parle pas encore et elle ne peut pas te répondre ! Pose ta main sur mon ventre et parle-lui, tu vas la sentir bouger, comme pour te dire « bonjour » ! »

8 Un air de famille

« Regarde papa, j'ai fait un dessin de ma petite sœur !
Mais à qui elle va ressembler, en vrai ?

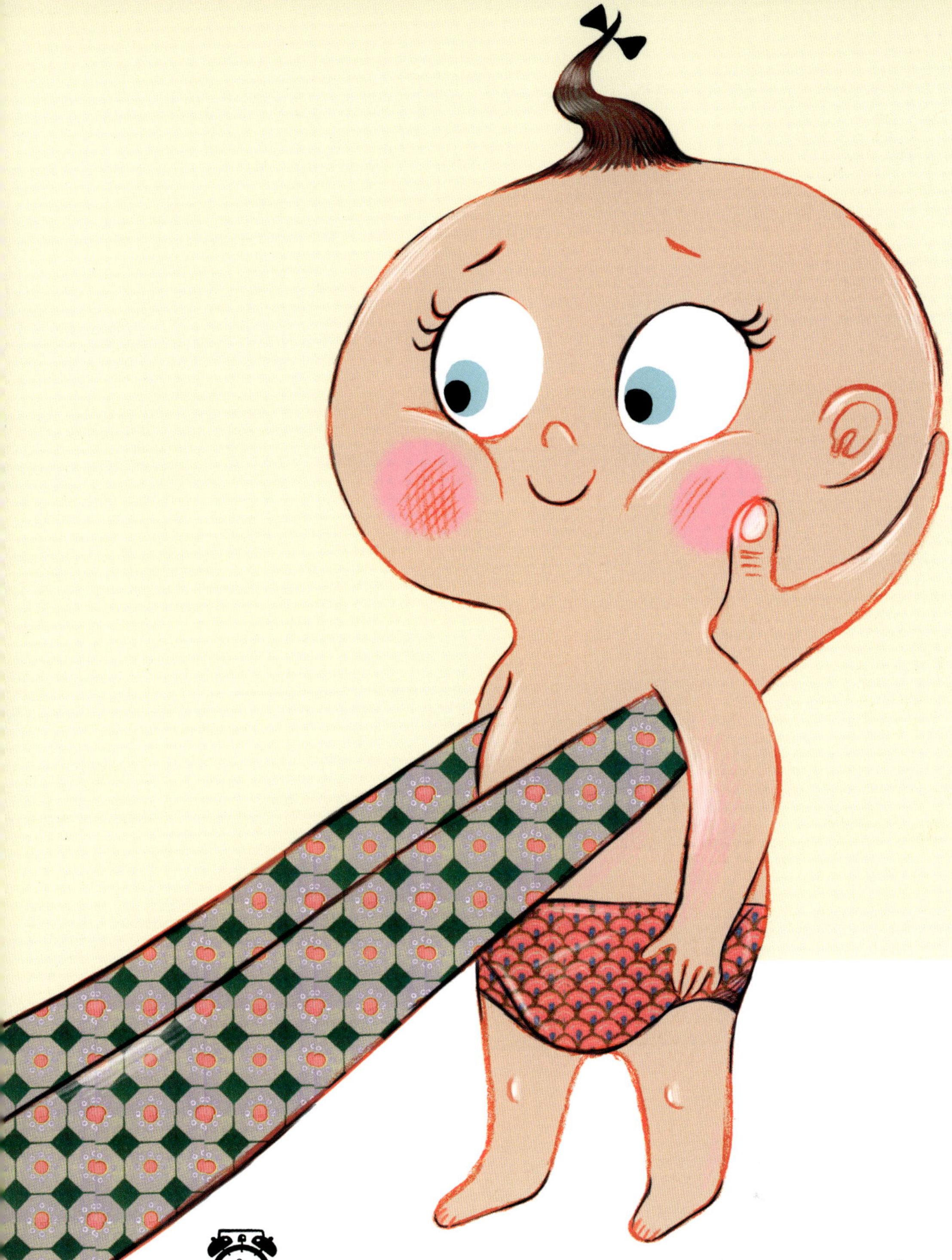

Inscrire le bébé qui va arriver dans une généalogie

– Je ne sais pas, chéri. Elle va avoir des ressemblances avec maman et moi, mais aussi avec tes grands-parents peut-être... et avec toi bien sûr! Enfin si, une chose est certaine: elle aura les yeux bleus car ta maman et moi avons les yeux bleus!

9 Dis, vous m'aimerez pareil ?

Ce matin, Nino a envie d'un très gros câlin de maman.
Mmmh… c'est tout doux, cet oreiller de maman ! Quand soudain, boum !
La tête de Nino se soulève et retombe !
« Dis, maman, quand elle sera là, ma petite sœur… vous allez m'aimer moins ?
Pour partager avec elle ?

8 mois

Rassurer votre enfant

– Pas du tout, bout d'chou ! Tu sais, l'amour pour les enfants, ça ne se divise pas, ça se multiplie ! Quand nous t'avons eu, on était tellement contents qu'on s'est dit qu'on voulait recommencer ! Toi, tu seras toujours notre Nino, notre fils aîné ! »

10 C'est par où la sortie ?

« Réveille-toi, Nino, ta petite sœur arrive!
On va aller à l'hôpital pour l'accouchement et toi tu vas rester à la maison, tata Émilie va venir dormir ici et s'occuper de toi.
– Mais papa, par où il sort le bébé? Par le nombril ou par les fesses?

Annoncer le départ pour la maternité et expliquer l'accouchement

Ni par le nombril, ni par les fesses, mon chéri,
les mamans ont un passage spécial pour les bébés.
Je reviens vite te donner des nouvelles de maman et du bébé.
À tout à l'heure, mon grand, ta petite sœur va naître ! »

Conseils d'une pédopsychiatre

Conseils rédigés par Débora Fajnwaks, psychologue clinicienne, psychanalyste, docteur en Sciences de l'Éducation

La décision d'avoir un autre enfant est toujours l'idée des parents, même lorsque ce désir est exprimé aussi par l'enfant lui-même.

Assumez ce projet comme étant le vôtre et pas celui de l'enfant, même si vous l'y associez.

Lorsque votre enfant pose une question, demandez-lui toujours ce qu'il pense, lui, de la question qu'il pose et de la réponse qu'il y apporterait.

Lorsque vous parlez de la grossesse, choisissez des mots simples, à sa portée.

N'anticipez pas les questions éventuelles que l'enfant pourrait poser.

Ne fermez pas le questionnement avec des explications qu'il n'a pas demandées.

Certains enfants ne posent pas de questions et expriment plutôt leurs préoccupations ou leurs inquiétudes par des actes ou comportements inédits jusque-là.

Face à des comportements dits « régressifs », ne condamnez pas l'enfant et n'interprétez pas ces changements de façon hâtive. Essayez de voir avec lui depuis quand ce comportement existe et pourquoi.

Les prises de conscience des enfants (« je fais pipi au lit depuis que tu m'as dit que j'allais avoir un petit frère ») sont bien plus importantes que les interprétations parfois sauvages que nous pouvons en faire.